# آبی گل

نگارنده: مینو روشنی‌یان

داستانی با واژه‌گان پارسی

سریال کتاب: P 2545150
عنوان: آبی گل
ترانه سرا و نویسنده: مینو روشنی یان
صفحه آرا: مینو روشنی یان
تصاویر کتاب: AI
شابک کانادا: 978-1-77892-002-8
موضوع: داستان
مشخصات کتاب: سایز رقعی، صحافی مقوایی
تعداد صفحات: ۲۴
تاریخ نشر در کانادا: 10-04-2025

هرگونه کپی و استفاده غیر قانونی شامل پیگرد قانونی است.
تمامی حقوق چاپ و انتشار در خارج از کشور ایران محفوظ می باشد
Copyright @ by Kidsocado Publishing House
All Rights Reserved

Kidsocado Publishing House
خانه انتشارات کیدزوکادو
ونکوور، کانادا

تلفن: ۸۶۵۴ ۶۹۹ (۸۳۳) ۱+
واتس آپ: ۷۲۴۸ ۳۳۳ (۲۶۳) ۱+
ایمیل: info@kidsocado.com
وبسایت انتشارات: https://kidsocadopublishinghouse.com
وبسایت فروشگاه: https://kphclub.com

ترانه های این مجموعه

آرزوها ---------------------------------------- ۷

ایرانی که جهان بود -------------------------- ۱۵

گنجشککا ---------------------------------- ۱۹

در روزگاری نه چندان دور ، دختری بنام می نو* درشهری کهن و کوهستانی چشم به جهان گشود.
او در پناه خانواده در آغوش گرم مادر و دستان گشوده ی پدر در خانه ایی دور از هیاهوی شهر که در میانه ی زیست بومی سرسبز با درختانی بلند و افراشته که انگار انتهای شاخه های آنها به آسمان می رسید قرار داشت ،زندگی را آغاز کرد .

به آرامی روزهای خردسالی می نو* سپری شد و او درچرخه ایی رنگارنگ با نگریستن به دگرگونی فصل ها بزرگ شد و همین سرآغازی برای ساختن رویاها و خیال بافی های کودکانه در او شد ،چون زندگی در آن زیست بوم بسیار خیال انگیز بود!

هر بار که می نو* چشمانش را می بست و به خیال پردازی می پرداخت خودش را درحال چرخیدن و شادمانه رقصیدن می پنداشت .
با پیراهنی پرچین و گلدار ، موهای رها شده در باد ، در زیر سایه ی درختی پر برگ و شکوفه، توی چمنزاری که با گل های زرد و سپید آراسته شده بود و شاپرک هایی که آرام در پیرامونش می چرخیدند!
او با نیروی تخیل ، ابرها را به شکل های گوناگون می انگاشت و برای شاپرک ها از روی رنگ بال های دل انگیزیی که داشتن نام های قشنگ برمی گزید!

هر روز زندگی می نو* با بازی و شادی های بچگانه آمیخته بود و هر شب اوبا گوش سپردن لالایی های آرامش بخش مادرش بخوشی سپری شدو مانند خوابی شیرین و کوتاه گذشت و او پا به نوجوانی گذاشت .

می نو* برای سرگرمی و پیدا کردن حس خوب همچنان به زیستگاهش می رفت.

او ساقه ی چند گل را به هم گره می زد و روی موهایش می گذاشت در زیر سایه درختی می نشست و کتاب داستان و ترانه های کودکانه را می خواند.

چند گاهی که گذشت ، کم کم احساس می نو* به جهان پیرامونش شکلی تازه ایی به خود گرفت ، این گونه که ، با نگاه به آسمان ، درخت، ابر ،گل ، رنگ وشاپرک و.......... با شنیدن آوای باران، باد ، نغمه ی گنجشک ها و............با بوی گل ،خاک، باران و ..... با دریافت احساس هایی هم چون شادی، یکرنگی وشکیبایی می توانست احساسش رابه شکل ترانه یاداشت کند هر ترانه یک احساس خوشایند بود ، که به جهان او می آمد و این چنین شد که او دو ترانه ی کوتاه را سرود .

با نگاه به گل ها      دل و دیده شاده
در رنگ آبی مهر      موج می زنه ساده !

---

برگ درختان چه قشنگ      آسمون آبی یا سبز؟
در این جهان بی کران      همه چی داره راز و، رمز!

گرایش و نگرش تازه ی  می نو* در نوجوانی به نگارش داستان و ترانه که او را ناخود آگاه  به جهان واژه ها و نا م ها می کشاند.

می نو*در میان واژه ها به واژه ی *آبی گل*  بیش از دیگر واژه ها می اندیشید، وبا هراندیشه احساسش به واژه و نام قشنگ آبی گل نیرومندتر می شد!

گویا واژه ی آبی گل ، برای او نشانگر آراستگی و پیوستگی ها درگیتی بود!

می نو* دلش می خواست  داستان پر احساسی را با نام آبی گل به نگارش در آورد .

پس از همان دم او با آرزوهایی روشن و پنهانی که داشت، آبی گل داستانش شد!

آبی گل، به نیروی شگفت آوری که آرزو ها دارند ، باور داشت!
او هر شب پیش از خواب با دلی پر امید آرزوهایش را دوباره گویی می کرد.

بهترین آرزوی آبی گل، فراگیر شدن فرهنگ مهربانی بود ، که همه مهربونی را به شکلی ساده هم چون دیدن لبخند در چهره ها و آرزوی های نیک در دل ها ،در همه جای زمین دریافت کنند.

او آرزوها را شکل پروانه می انگاشت ، چون مادر بزرگش تولد پروانه را که از کرم به پروانه ایی زیبا می شود را به سادگی برای او بازگو کرده بود.

اشتیاق او برای آورده شدن آرزو هایی که داشت انگیزه ایی برای سرایش ترانه ی آرزوها شد.

## ترانه: آرزوها

در جهان آرزوهای قشنگ     می بافن رویاها رو یکی یکی
با امید و شادی که می تونی     به همه ی آرزوها برسی

آرزوها مثل نور رنگارنگ     توی شیشه ی خالی از عسل
مثل بال پروانه نازک وناز     وقتی پر بزنه می کنه عمل

پروانه به همراه آرزوها     می ره تا برسه به رنگین کمون
مانند نیایش واسه ی آرزو     قشنگی نیاز و ، می ده نشون!

آبی گل با تمام احساس پاک و آرزویی که داشت کم کم از چرخه ی سن نوجوانی گذر کرد و به دوران جوانی رسید.

احساس او به زیست بوم بیش از پیش چشمگیرتر شده بود!

هر بار که در دل هستی قرار می گرفت به گونه ایی در پی یافتن پاسخ برای پرسش هایی که از خودش داشت بود :

من چه کسی هستم ؟

در کجای این جهان زاده شده ام ؟

سرزمین مادری ام چگونه جایی است وچه گذشته ایی داشته ؟

چه چیزهایی مرا را خوشحال می کند وچه آرزوهایی دارم؟

چرا چنین احساسی به زیست بوم دارم؟

او مشتاق بود که به خرد و آگاهی درستی در زندگی برسد.

آبی گل می دانست که زندگی شگفتی های گوناگونی دارد، همین شگفتی نگری او را به سوی درک راز و رمز های بیشتری می برد ،یکی از آن راز و رمزها، شکوه سرزمین مادری اش پارس بود .

پارس سرزمینی کهن با تاریخی برجسته، فرهنگی پویا ، هنر بی مانند و هم معماری شگفت انگیزی داشت.

او سرزمینی مادری اش را با کمک نیروی رنگ ها آبی‌تر از آبی که نشان آرامش، سبز تر از سبز که نشان ایمان، زردتراز زرد که نشان روشنایی و سرخ تر از سرخ را نشان شادمانی ، می پنداشت!

سرزمینی که آبی گل در آن زاده شده بود، سرزمین پارس بود .
سرزمینی با تاریخ و تمدن و فرهنگ پر بار پارس، که دیرینگی آن  به هزاران سال پیش باز می گشت ، همراه با مردمی  که می کاشتند و برمی داشتند و زندگی می آفریدند.

مردمان آن سرای کهن هر سال خورشیدی را با جشن نوروز  آغاز می کردند و  روزهایی از ماه های  سال  را با جشن هایی با نام های فروردینگان ،اردیبهشتگان ، خردادگان ،تیرگان، امردادگان، شهریورگان ،مهرگان، آبانگان، آذرگان ،دیگان ، بهمنگاه ، سپندارمذگان  را به پایان می رسانند .

آبی گل دختری از دودمان ،مردمان پارس بود که با ارج نهادن به طبیعت و پاک نگه داشتن آب و خاک و با باور به آیین و جشن های سرزمین مادریش پارس ، اندیشه اش را هم سو با گذشتگان خود می یافت.

او با دانستن این داده های ساده و پرمایه ، هم پاسخ بسیاری از پرسش هایی که داشت را پیدا کرده بود ، و هم با این ژرف نگری  و شور پارسی که  در او پدید آمده بود ، ترانه ی  "ایرانی که جهان را بود " را  سرود.

## ترانه : ایرانی که جهان بود.

در مسیر جاده ی ابریشمی
بهترین جای جهان ، ایران زمین
مهد فرهنگ و تمدن و هنر
مردمانش پاک سرشت و نازنین

زندگی با شاد زیستی با احترام
زن ها مهربانو و مردها مهربان
با اسم هایی خوب و نیک و خوش بیان
راستی در اندیشه و رفتار نشان

دادگری با نظم و قانونی درست
هم حقوق اجتماعی برقرار
با وجود سختی ها ، در آن زمان
همه با طبیعت خوب و ، سازگار

کورورش آن مرد بزرگ شاه جهان
پر ز مهر آریایی با اختیار
با اولین منشور برای بشر
جاودان گشت نام او با افتخار

باغ ایرانی پاسارگاد خوش نما
پارسه جایی بود پُر از آب روان
از خشک سالی و دروغ و دشمنی
ایران مان آن زمان بود ، در امان

سرزمینی با جشن هایی بی شمار
از برای آب و خاک و آسمان
نوروز، یلدا، تیرگان، مهرگان
پایکوبی با نغمه های شادمان

آن نیاش پارسی جشن بهار
مانده از آن چرخه بر ما یادگار
وچه بسیار رسم و آیینی کهن
نیز بجا مانده هم از آن روزگار

پارس و کُرد، گیلک، بختیاری، بلوچ....
همه در فرهنگ ایرانی سهیم
تار و پود قالیچه و فرش و گلیم
هنری بازمانده از عهد قدیم !

ترانه ی" ایرانی که جهان بود "پژواک ارزش های راستین سرزمین پارس بودکه آن را با ساختار ترانه بازگو کرده بود .
چندین بار آبی گل به دل دشت رفت و با صدایی رسا ترانه "ایرانی که جهان بود" را خواند.
او باور داشت که باد نت‌های این ترانه را به همه جا ی جهان می برد و پیام او درباره ی سرزمین بزرگ و جاوید پارس را به گوش همگان می رساند!

سال هاگذشت و آبی گل به سن میانسالی رسید او به گونه ایی دل پسند و دلنشین با برگزاری جشن های باستانی زندگی را می گذراندو با مهری بی پایان ،به سرزمین مادری و فرهنگ پارسی از آن یادگاری های ارزشمند پاس داری می کرد.
آبی گل همواره ترانه می سرود ،چون هم برای او احساس خوشایندی می آفرید و هم زمزمه و نجوای هر ترانه برای او آرامش آفرین بود.
پند شیرین آبی گل، همیشه به دوستان و آشنایانش در هنگام سخن گفتن بکاربردن واژه های پارسی بود .......!

یکـی از رازهـای قشـنگ طبیعـت، در صـدای جیک‌جیـک گنجشـک‌ها پنهـان شـده ،نغمـه ایـی پر شور که آرامش  را به ارمغان می‌آورد.

ترانه: گنجشککا

در لابه لای شـاخه ی درختان
گنجشـک ناز و کوچولو آزاده
امید با ریتمی ساده و پی درپی
به زندگی گنجشـکا ،جون داده

هنگام پگاه ، سرزدن آفتاب
گنجشـککا آزاد و پر شور و حال
تـوی جهانی پر از نیاز و نیکی
شکیبا ، به شیرینی می زنن بال!

نتی از تو نواهای خوش آهنگ
تو جیک جیک گنجشککا نشسته
ایـن پرنده با یه دنیا دلیری
در رو بر روی غم و غصه بسته!

I0
www.ingramcontent.com/pod-product-compliance
Lightning Source LLC
Chambersburg PA
CBHW040639100526
44585CB00039B/2875
* 9 7 8 1 7 7 8 9 2 1 2 9 2 *